QUI DÉCIDE ? NOUS !

Le futur de notre alimentation est entre nos mains,
ne laissons pas les producteurs disparaître

Michel LAFON

14, boulevard de la Madeleine – CS 62204, 75373 Paris cedex 08

www.michel-lafon.com

“

« On veut juste vivre de notre métier. Mais j'ai l'impression que personne ne nous écoute. »

Aurélien, producteur de lait dans la Bresse

« Si nous voulons toujours des producteurs laitiers en France dans les années à venir, il faut que les jeunes gagnent leur vie et qu'ils puissent se donner le droit et les moyens d'avoir une vie sociale. »

Wilfried, producteur de lait dans la Bresse

”

SOMMAIRE

QUI DÉCIDE ? NOUS !

Pouvoir vivre de son métier devrait être une évidence simple et accessible à tous. Pourtant c'est loin d'être une réalité pour ceux qui nous nourrissent tous les jours : les producteurs.

Malgré les manifestations de ce début d'année où ils ont une nouvelle fois tiré la sonnette d'alarme sur leurs conditions de vie, trop peu de choses ont changé. Si rien n'évolue rapidement, nous allons perdre notre capacité à nous nourrir en France, en nous fournissant à notre porte. Face à ce drame qui se profile, nous sommes convaincus qu'en prenant collectivement en main ce problème, comme nous avons commencé à le faire, nous parviendrons à inverser cette tendance. Le déclin supposé inexorable de nos fermes n'est pas une fatalité et n'appelle pas à des solutions nécessairement complexes.

Depuis 2016, nous, consommateurs, nous sommes organisés en coopérative pour cela. Nous n'avons cessé de croire à l'impact collectif et concret de nos achats sur la vie des producteurs avec pour unique boussole de permettre aux agriculteurs et agricultrices en France de vivre dignement de leur travail. Huit ans plus tard, nous pouvons en mesurer les conséquences positives que nous sommes fiers de partager ici.

Aujourd'hui nous devons prendre conscience que, plus que jamais, tout est encore possible, parce que dans cette actualité où le bon sens se fait rare, la moindre étincelle embrase tout, fédère et transporte. Le moment est venu de rendre un immense hommage aux milliers de consommateurs sociétaires de notre aventure collective qui, via leur soutien aux producteurs, ont su soigner ces petites fractures qui marbrent notre maison commune. L'avenir est aux gens revenus de tous les dépits. On y est presque.

Soutenir les producteurs et protéger cette si précieuse nourriture à nos portes

Comment faire comprendre que nous allons bientôt manquer de lait, d'œufs, de légumes, de fruits français de qualité si les producteurs autour de nous ne s'en sortent pas ?

Voilà plus de cinquante ans que notre société ne parvient plus à protéger ceux qui chaque jour produisent de la nourriture pour les autres. Nous sommes passés de 1 500 000 exploitations en 1970 à 395 000 aujourd'hui, et chaque jour ce chiffre diminue (27 exploitations agricoles mettent la clé sous la porte en France toutes les vingt-quatre heures).[1]

Face à la destruction trop rapide de ce patrimoine collectif si important pour notre avenir, nous avons vu augmenter mécaniquement en parallèle l'arrivée d'une quantité importante de produits venus de l'étranger.

Ainsi, un fruit ou légume sur deux consommé aujourd'hui en France est importé. Même situation pour le poulet, le beurre ou les produits laitiers (40 % du beurre et 36 % du fromage ont une origine étrangère)[2] qui nous rendent dépendants désormais de l'extérieur.

Aujourd'hui, on compense le manque de production française par des importations, mais est-ce bien raisonnable ? Dans le contexte géopolitique que l'on connaît, continuer de faire le pari de ces bateaux venus du bout du monde pour nous apporter de la nourriture n'est plus tenable. Compter sur ces livraisons venues de Nouvelle-Zélande (ou d'ailleurs) qui parcourent 20 000 kilomètres pour apporter du lait et de la nourriture dans nos assiettes n'a vraiment pas de sens. En chemin, ces bateaux n'iront-ils pas d'ailleurs dans un autre pays qui aura payé un peu plus cher ces denrées alimentaires devenues rares ? Plus globalement, nous ne pouvons pas durablement espérer que d'autres puissent nous nourrir de l'extérieur.

La nourriture est un bien commun national que nous devons protéger.

[1] *Source : données issues du recensement agricole de 2020, Agreste.*
[2] *Source : extraits du rapport de souveraineté alimentaire établi par FranceAgriMer de 2023*

Pour nous garantir cet avenir vital et qu'il ne soit plus incertain, il suffirait de protéger ceux qui sont en mesure de nous offrir ce patrimoine indispensable chaque jour en leur donnant simplement de quoi vivre de leur travail. Ils nous nourrissent depuis longtemps et ils peuvent le faire encore très longtemps si nous leur en donnons simplement les moyens.

Cette situation, qui s'aggrave jour après jour, s'est transformée silencieusement en urgence nationale dont trop peu de gens ont conscience. Si nous voulons continuer de disposer de nourriture au niveau de notre pays, nous devons absolument agir pour changer la donne, et trop peu de choses sont faites pour l'instant.

La bonne nouvelle, c'est que du côté consommateurs nous sommes prêts ! Depuis huit ans, nous le prouvons via le succès de la mobilisation qui a propulsé notre marque solidaire en tête des ventes dans les rayons. Aujourd'hui des millions de produits respectueux du travail des producteurs sont vendus chaque année par le biais de différentes démarches, mais cela doit devenir une norme généralisée pour que tous les producteurs de France puissent vivre dignement de leur travail.

Nous avons tous le devoir d'agir à grande échelle désormais pour protéger ceux qui nous nourrissent et qui nourrissent nos enfants chaque jour. En protégeant les producteurs, c'est nous-mêmes que nous sauvons, car le sort des producteurs c'est le nôtre !

Permettre à ceux qui nous nourrissent de se nourrir aussi

Pour protéger notre nourriture il faut ajouter chaque année les centimes qui manquent aux producteurs pour s'en sortir. Mais combien ?

Quand on regarde la consommation moyenne des Français sur une année, pour le lait c'est 5,45 euros par an ! Pour le beurre 3,14 euros par an, pour les yaourts 2,34 euros par an, etc.[3] Quelques centimes à ajouter pour qu'à l'autre bout tous puissent vivre de leur métier et que des plus jeunes puissent reprendre les fermes.

> Payer au juste prix les choses ne doit plus être vu comme un effort ou un don. C'est en fait un soutien naturel, juste et nécessaire pour eux, mais aussi pour nous.

[3] Calcul interne portant sur la rémunération des producteurs. Ex = [540 € de rémunération CQLP vs 434 € de rémunération moyenne filière x 49 litres (consommation moyenne annuelle)] x TVA (soit 5,5 %) = 5,45 € de surcoût pour le lait.

Il faut sortir de la culture mécanique du prix bas par défaut. Il faut dire haut et fort, partout et à tout le monde, que les produits qui utilisent de la matière agricole doivent tous rémunérer au juste prix les producteurs français qui en sont à l'origine. C'est normal. C'est juste. C'est la moindre des choses. C'est aussi vrai que de considérer comme normales des centaines d'autres évidences dans nos vies que nous ne remettons jamais en question après les avoir intégrées pour toujours.

Cette évidence-là est unanimement partagée dans notre pays (en témoigne le soutien massif apporté au mouvement de révolte des agriculteurs en janvier), mais actuellement notre système économique ne permet pas de mettre en place cette réalité pour les producteurs de manière généralisée.

Sur la question clé du renouvellement des générations, il faut savoir que si on ne fait rien, à l'horizon 2030, la moitié des activités agricoles vont s'arrêter au départ à la retraite des agriculteurs. L'Insee signale que 55 % d'entre eux sont concernés, un agriculteur sur deux ! Qui demain pour nous nourrir, alors ? Sans une juste rémunération, quel parent dira à son enfant : « Reprends la ferme familiale, tu as vu notre vie difficile, mais reprends-la quand même », alors que lui-même sait qu'il ne pourra même pas viser un SMIC en travaillant 7 jours sur 7, sans partir du tout ou très peu en vacances durant l'année.

Les chiffres sont impressionnants et il faut agir vite.

Notre destin collectif est entre nos mains… et dans nos poches !

Pour accélérer positivement les choses, nous devons désormais nous demander systématiquement ce que devient notre argent et comment, derrière nos achats, il façonne le monde qui nous entoure.

Chaque année, au 1er janvier, les ménages en France disposent de 1 500 milliards d'euros à dépenser (*dépenses annuelles des ménages en 2023, selon l'Insee*).

En consommant ainsi à grande échelle, nous retrouvons tous un pouvoir immense que nous ne soupçonnions plus, et cette transparence est le chemin le plus court pour nous protéger tous durablement.

Notre aventure collective nous a montré concrètement que la fatalité disparaît quand nous coordonnons ce moyen très rapide de transformer notre quotidien que sont nos actes d'achat. Ils sont des milliers de petites impulsions qui, en milliers d'effets papillon, sont capables de faire changer de cap les plus grandes réalités de notre temps à tous les niveaux (sociaux, sociétaux, environnementaux).

C'est une zone d'espoir absolument extraordinaire pour pouvoir reprendre rapidement notre destin en main, cesser d'espérer qu'un illusoire miracle orchestré par d'autres se produise.

La spirale positive méconnue de nos achats solidaires

Si demain on se concerte et qu'on décide d'apporter cet argent à des entreprises qui paient bien leurs salariés, qui protègent l'environnement, qui favorisent le bien-être animal, qui font en sorte qu'il y ait une juste répartition de la valeur, alors tout va changer mécaniquement. Et ça ne coûtera pas collectivement plus cher, au contraire !

En revanche, il y aura un impact différent puisque les conséquences de nos achats deviendront connues de tous, mesurables, vérifiables et finalement profitables. Nous aurons ainsi décidé du chemin, de la résonance et des conséquences de cet argent sur le monde qui nous entoure et donc sur nous-mêmes.

Dans le cadre de la démarche qui nous rassemble, nous avons déjà pu ressentir cet effet boule de neige lors du lancement en 2016. En décidant de payer au juste prix les producteurs, puis en s'assurant que c'était une réalité sur le terrain, nous avons pu voir très rapidement beaucoup de retombées indirectes positives se faire dans le sillage de cette solidarité.

Ainsi, dans l'Ain, le département qui a vu naître notre initiative, les fournisseurs de nourriture pour animaux, les réparateurs de matériel agricole, tous ceux qui participaient à la vie des exploitations et qui allaient disparaître avec eux ont pu être grandement aidés, voire sauvés.

Comme le disait Martial Darbon, producteur de lait à l'origine de notre projet : *« J'avais des fournisseurs qui étaient sur le point de faire faillite avec nous, et qui au final étaient très émus de voir que les choses s'arrangeaient pour nous et donc pour eux. »* Ainsi, l'argent qu'on apporte à un producteur en local bénéficie à tout un système et à une économie circulaire qui profite au premier comme à tous, et peut voir le jour.

Voilà comment nous pouvons aujourd'hui, en partant de cette réalité et du succès très concret de notre démarche qu'on vit tous ensemble, nous préparer à une suite bien différente et balisée par beaucoup d'espoir. Il y a de l'avenir à voir le monde ainsi.

Nous devons être en mesure de décider

Pour que ces changements soient possibles à grande échelle, il faut sortir de certains vieux réflexes qui consistent à déléguer la résolution des problèmes supposés trop complexes à des experts. Notre bon sens collectif peut faire beaucoup.

Le temps de ceux qui décident seuls pour nous tous est révolu. On reprend tous ensemble les choses en main !

Dans le monde agroalimentaire par exemple, le marketing a finalement créé des produits en basant quasiment tout sur le réflexe de l'expertise. Un peu comme si le jeu consistait à tenter de deviner les attentes des consommateurs, alors qu'il est finalement très simple de nous demander ce que nous voulons vraiment, en rassemblant évidemment toutes les données du problème.

Le résultat qui se dévoile sous nos yeux raconte bien la limite de ce système à bout de souffle qui a fait naître une quantité impressionnante de produits qui n'apportent rien.

Collectivement, nous démontrons que les consommateurs que nous sommes ne sont ni schizophrènes, ni contradictoires.

Dans la réalité, face à une véritable uniformisation des offres et sans avoir de vraies raisons de choisir différemment, le consommateur se retrouve souvent à jeter son dévolu sur les produits les moins chers ce qui est assez pertinent, finalement.

En revanche, si des produits nous garantissent vraiment que notre argent sert à quelque chose de bien, alors tout se nuance et se rééquilibre différemment, comme notre démarche collective l'a prouvé, portée par une force qu'aucun spécialiste n'aurait pu imaginer ni prévoir. Ainsi, il faut nous écouter, nous, les consommateurs, à condition bien sûr que l'on détienne un maximum d'informations objectives (origine, ingrédients, rémunération producteur, décomposition du prix, conditions de production...).

C'est dans cette logique que nous avons été amenés à créer collectivement des produits via notre démarche de consommateurs, à partir d'un questionnaire interactif nous donnant le choix d'arbitrer en connaissance de cause chaque élément des cahiers des charges.

Quel type d'agriculture ? Quelle rémunération pour le producteur ? Combien de mois de pâturage ? Quel emballage ?, etc.

Tous les critères structurants qui composent le cahier des charges d'un produit sont donc votés collectivement, et chaque élément fait varier le prix final conseillé auquel nous serions prêts à acheter le produit en rayon.

Le but est d'affiner la relation « transparence ; valeurs des choses ; prix final que nous payons ».

Cette approche très limpide et didactique permet d'écouter vraiment nos attentes précises de consommateurs, à partir des enjeux réellement mis à plat que nous arbitrons via les coûts induits, leurs conséquences rendues visibles et les retombées durables de nos achats.

Ces attentes, exprimées clairement, servent de point d'appui inestimable aux producteurs, mais aussi aux autres acteurs de la chaîne. Tout étant toujours vérifiable par tous.

Avec les clés en main pour comprendre les enjeux de nos choix, on sort naturellement de la logique des prix bas.

Le bon sens collectif et la bienveillance sont de formidables boussoles à utiliser sans modération pour tracer le chemin qui nous attend.

Une seule solution, ne plus attendre personne

Finalement, ce constat et le manque cruel de solutions sur le plan national depuis cinquante ans nous obligent désormais à affronter à notre échelle de citoyen la construction d'une vraie solution durable.

Comme nous l'avons vu, pour nous y aider nous avons une arme décisive dans notre poche et qui change le destin de bien des choses : notre carte bleue.

Mais notre pouvoir réel va bien au-delà de notre pouvoir d'achat.

Pour les nécessaires combat et soutien pour les producteurs, nous devons nous rassembler à grande échelle pour dire d'une seule voix à tous les fabricants de produits alimentaires que nous exigeons désormais qu'ils paient bien leurs producteurs, car nous ne voulons plus les voir disparaître.

Pour cela, nous pouvons aujourd'hui décider d'acheter des produits solidaires, peu importe la marque, notre voix de consommateur porte de plus en plus, cela façonne un monde différent et tellement plus proche de ce que nous voulons qu'il soit.

La meilleure preuve que nous puissions apporter à tous ces acteurs du monde agroalimentaire, ce sont les résultats sans précédents obtenus grâce à notre adhésion à ces valeurs dans le cadre de CQLP. Quand les produits aident vraiment les producteurs à vivre dignement de leur travail, alors les ventes battent des records et ne cessent de progresser.

Le lait et les deux beurres bio de « C'est qui le Patron ?! » sont devenus les plus vendus de France (hors marque de distributeur – MDD). Plus de 100 millions de produits solidaires sont vendus chaque année, et la marque des consommateurs est la plus vendue dans l'Hexagone parmi celles créées depuis dix ans. La première ! (Chiffres @Nielsen). Et ce, dans ce contexte inflationniste où tout se resserre : le rayon du lait est en baisse tandis que le volume de ventes des laits de CQLP progresse.

Les produits solidaires continuent de connaître une très forte progression dans les rayons, et ces résultats hors normes ne sont dus qu'à une seule chose, au fond : notre volonté collective.

Pas de campagne de publicité TV (simplement le bouche à oreille), pas de commerciaux dans les magasins (juste nous, devenus acteurs partout en France) qui de surcroît renchérissent le coût des produits.

À l'inverse, c'est nous, les consommateurs, qui allons dans nos magasins faire connaître le soutien apporté par nos produits, qui en parlons à notre entourage, qui nous rendons dans les fermes et les usines pour affirmer l'importance que revêt pour nous la juste rémunération des agriculteurs pour le fruit de leur travail.

Pourquoi un tel succès et comment le déployer ?

À la question « Comment expliquez-vous un tel succès avec si peu de moyens ? », la magie de la mobilisation collective apparaît. Ces huit années nous ont appris à identifier des conditions qui ont rendu cela possible. Il y en a quatre essentielles :

1. **TOUT SAVOIR :** retrouver dans la relation à ce que nous achetons une transparence totale pour que nous puissions tout savoir et comprendre les enjeux derrière notre alimentation ;

2. **DÉCIDER ENSEMBLE :** coconstruire les choses et décider nous-mêmes, en toute connaissance de cause, de la façon dont sont faits les produits.

3. **VÉRIFIER ET MESURER :** pouvoir vérifier que tout est bien conforme à nos attentes et nos choix. C'est important car c'est la seule façon de mesurer les conséquences concrètes de ces choix collectifs sur le monde qui nous entoure.

4. **ACCOMPAGNER :** enfin, une fois rassurés et motivés par les premiers points, nous pouvons agir en magasin en achetant les produits CQLP, en parlant de la démarche, en rencontrant les parties prenantes et donc en devenant acteurs de ce qu'il se passe.

Voilà comment, dans le cadre de « C'est qui le Patron ?! », en travaillant avec le producteur et le fabricant, nous avons pu obtenir un niveau de transparence élevé dans les coulisses. Nous avons ensuite tous fixé les étapes de notre aventure collective. Ce n'étaient plus seulement quelques individus qui réfléchissaient pour tous les autres mais bien nous-mêmes, tous ensemble, qui décidions en effectuant des choix collectifs, en connaissance de cause.

Les produits créés se sont mis à tout nous raconter, jusqu'à la destination finale de l'argent que nous dépensions. Ce lien qui s'était distendu entre nous, consommateurs et producteurs, s'est renoué et resserré.

Rassuré, informé et directement impliqué, tout le monde (sociétaires, producteurs, fabricants et consommateurs) s'est mis à bouger, à agir, à aller en magasin, à demander au directeur de mettre les produits solidaires dans ses rayons. L'impact de notre implication individuelle s'agrégeant à toutes les autres a été immense !

Quand on arrive, en tant que consommateur, dans un magasin et qu'on s'adresse au directeur en lui disant : « Vous devez mettre en vente ce produit parce qu'il aide vraiment des producteurs, je les ai rencontrés moi-même », l'écoute est cent fois plus forte que si nous étions de simples commerciaux. Les magasins, évidemment, accordent une importance sans équivalent aux gens qui viennent au quotidien dépenser leur argent dans leurs commerces.

Cette force collective a permis également d'emmener avec nous la laiterie, qui s'est engagée pleinement dans notre démarche afin de nous assurer la transparence et l'équité que nous voulons pour les producteurs.

Il faut se rendre compte de façon très bienveillante que nous sommes les uniques décideurs du succès des acteurs économiques qui nous proposent des produits. Un magasin où l'on décide de ne pas aller ne marchera pas. Un produit qu'on décide de ne pas acheter ne se vendra pas.

À l'inverse, le magasin qui défend nos intérêts en filigrane de son offre va cartonner, car nous aurons tous envie de le voir fonctionner, motivés par les conséquences positives de nos achats. Celui que nous aurons décidé de faire grandir et de soutenir passera mécaniquement devant tous les autres. C'est ce qui s'est passé pour notre aventure collective, et de fait nous pouvons le reproduire pour beaucoup d'autres.

Aux retombées économiques indéniablement vitales pour les producteurs, s'ajoute cet inestimable lien qui se recrée entre nous, consommateurs et producteurs. La reconnaissance retrouvée de ce métier essentiel suscitée par nos actions est presque aussi importante.

Nous avons voté ensemble et décidé du cahier des charges de nos produits solidaires : lait conventionnel, lait bio, beurre bio, beurre de baratte, crème, fromage blanc, yaourts, œufs, jus de pomme, purée de pommes, pommes de terre, concassé de tomates, farine et miel. Pour chacun d'entre eux, nous avons pu prendre des décisions sur la rémunération du producteur, l'origine de l'alimentation des vaches ou le type de culture, le pâturage, la confection, le format et l'emballage. C'est merveilleux d'impacter notre consommation aussi directement, grâce au collectif et aux votes.

C'est un autre rapport à notre alimentation qui se dessine.

Quel pouvoir avons-nous et jusqu'où peut-on aller ?

Il faut savoir qu'en 2016, quand les consommateurs ont créé un lait solidaire un peu plus cher que les autres, bien peu de gens pensaient que cela pouvait devenir un immense succès. Huit ans plus tard, aucun des grands groupes agroalimentaires que nous connaissons, malgré les millions d'euros et les moyens dont ils disposent pour propulser massivement sur les chaînes de télévision des produits qu'on achètera, n'a pu rivaliser avec cette marque créée grâce au bon sens, à la bienveillance, à l'envie de faire des choses bien.

Derrière ce succès, un autre trésor : nos heures disponibles et notre motivation à faire bouger les lignes.

De manière générale, aujourd'hui, on le sait, si nous enlevons les millions d'heures de bénévolat offertes à la collectivité par des millions de bénévoles, la société autour de nous tombe. Il est impossible d'imaginer le succès d'une aventure humaine sans ce que nous apportons bénévolement. Si l'argent manque, il nous reste une richesse à portée de main dont la valeur est encore plus grande : du temps pour créer d'autres choses ! Que ce soit une heure ou une journée, chaque minute est un trésor inestimable pour changer la donne.

Ce temps disponible, quand il accompagne nos mobilisations solidaires, rend plus fort encore l'effet positif sur le monde qui nous entoure.

Rien ne pourra résister à ce principe de reconstruction douce. Si nous décidons de nous impliquer personnellement en prenant soin d'apporter notre temps, notre argent dans des entreprises, dans des produits, dans des services qui nous garantissent que, derrière nos actes d'achat, il se passe des choses positives, alors c'est vraiment un chemin extraordinaire qui s'offre à nous et qui nous permet d'être utile instantanément.

Une sorte de super pouvoir activé au-delà de nous et qui change tout ! Dans le monde animal on appelle ça la *murmuration* ! Ces immenses vols d'étourneaux où des centaines d'oiseaux forment un spectacle parfaitement millimétré. Ces volutes sont incroyables, et pourtant les scientifiques ont prouvé que ce n'est pas un oiseau seul qui orchestre les choses en leader : c'est une intelligence collective qui s'empare du groupe et qui l'incite à accomplir ce qu'aucun individu seul n'aurait pu faire faire à ce groupe tout entier. En entreprenant des choses tous ensemble, en faisant confiance à cette intelligence collective, on s'offre ce supplément d'âme merveilleux pour tout réussir.

Cette mobilisation collective a été possible dans notre aventure parce que nous avons tous la garantie que nos achats profitent concrètement et exclusivement aux producteurs.

À ce titre, les bénéfices générés par notre démarche viennent financer uniquement des projets qui répondent à cet objectif impérieux, que ce soit par des dons, des emprunts à taux zéro aux agriculteurs, ou des investissements.

Pour s'assurer de cela, nous avons établi le principe simple qu'aucun dividende ne peut être reversé aux fondateurs ou aux sociétaires de la coopérative.

Ainsi, les consommateurs que nous sommes n'hésitent pas à poser des jours de congés pour procéder à des visites de contrôle ou effectuer des animations dans les magasins. De leur côté, les distributeurs ne nous voïent pas comme de simples fournisseurs et nous aident au-delà de ce qu'ils font habituellement.

C'est un rapport différent entre tous les acteurs qui s'instaure, au service du bien collectif qu'est le soutien d'une alimentation juste et durable. Il libère une énergie démultipliée qui devient le socle de ce succès collectif que nous vivons depuis huit ans.

D'un monde du « je » au monde du « nous »

La fatalité du sort implacable promis aux agriculteurs, que nous avons pu démentir dans le cadre de notre initiative, repose en partie sur l'isolement, et une forme d'incapacité à nous réunir pour envisager le sujet de manière collective.

Dès que nous nous rassemblons et que nous parlons d'une seule voix, tout change.

Le temps de l'intelligence collective et du « nous » est venu : allions notre bienveillance et notre force d'action pour prendre les décisions importantes qui feront évoluer les choses.

Beaucoup d'observateurs qui étudient cette aventure que nous avons entreprise tous ensemble remarquent, étonnés, que tout se fait de façon apaisée et constructive.

Dans notre coopérative de consommateurs, tout le monde peut devenir sociétaire pour 1 euro symbolique et peut alors agir comme il le souhaite : voter pour les grandes orientations de la démarche, parler de la démarche en magasin, partir à la rencontre des producteurs et des partenaires fabricants pour vérifier le cahier des charges.

Il y a 16 millions de gens qui achètent des produits solidaires, et 15 000 sociétaires qui répondent très simplement à des consultations en ligne, et en huit ans, sans heurts ni conflits d'intérêts, la démarche n'a cessé de grandir et de se développer autour de cette cause que nous savons commune, l'avenir des agriculteurs.

Le brouhaha n'est pas une fatalité, et notre temps commun si précieux doit être utilisé à construire ensemble des choses positives et durables. Quand on nous laisse face à nous-mêmes, connectés à des émotions très simples, très positives, cela fonctionne.

En nous rassemblant dans cette dynamique apaisée, nous aurons la possibilité demain de reconstruire rapidement un monde à notre mesure. Nous, consommateurs et citoyens, aurons nos propres entreprises, dignes de recevoir notre argent pour générer mécaniquement des conséquences positives sur nos vies.

Dès lors, un mouvement simple et puissant peut voir le jour. Il suffit de nous rassembler et, sans grande révolution, sous l'impulsion logique de nos décisions et de nos actes d'achat, nous allons tout remettre à sa juste place.

Il y a huit ans, lorsque cette aventure collective de consommateurs a démarré, personne n'y croyait vraiment. Nous n'étions finalement que quelques citoyens avec l'espoir profond de changer les choses. En fin de compte, cette volonté a suffi !

En décidant de nous unir autour d'une cause très simple qui consistait à aider les producteurs, nous avons fait de notre aventure collective une aventure solidaire inarrêtable.

2016-2024

L'ÉTU
DÉS 8

DE ANS

51 exploitations laitières en danger

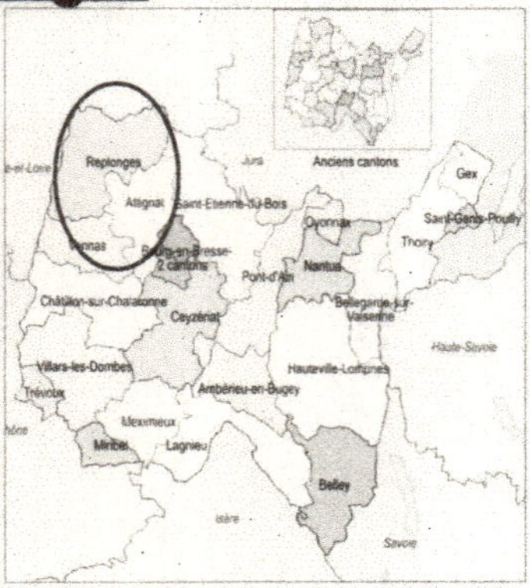

Qui sommes-nous ?

Nos 51 exploitations laitières sont toutes situées au nord du département de l'Ain, au carrefour du bocage Bressan et du Val de Saône. La zone de collecte s'étend sur 3 cantons : Replonges, Vonnas et Attignat. Notre coopérative, nommée « Bresse Val de Saône » (BVS), collecte 26 millions de litres de lait et est gérée par des éleveurs administrateurs bénévoles.

Contexte :

Historiquement, la coopérative Bresse Val de Saône était adhérente de l'URCVL (Union Régionale des Coopératives de Vente de Lait). Depuis le démantèlement de cette dernière (2009), les éleveurs connaissent des périodes perturbées avec des prix nettement inférieurs à la moyenne régionale et n'ont pas de perspective d'avenir à court et moyen terme.

2009-2011 : livraison à une société de Montmélian (ex-Dominici) sur le site de Leyment.
2011-2013 : Lacopab , Leyment.
2013-2016 : contrat tripartie BVS-Eurosérum (détenu majoritairement par le groupe Sodiaal) et ALPICOM pour export vers l'Italie.

La défaillance d'ALPICOM, la renégociation sans cesse à la baisse du prix, la menace de suspension de collecte et l'absence de solutions par Sodiaal ne nous permet plus de continuer.
Dans ce contexte, les exploitations et les familles qui y vivent, sont toutes, socialement et économiquement, en danger.

Le tract distribué par Martial en 2016

L'ÉTUDE DES 8 ANS

Un lait solidaire créé par les consommateurs pour aider les producteurs, **un cas d'école unique au monde.**

Notre histoire collective débute dans le département de l'Ain en 2016, où une cinquantaine de producteurs de lait de la coopérative Bresse Val de Saône (BVS) se retrouvent dans une impasse pour vendre leur production. À cette époque, la crise de la fin des quotas laitiers bat son plein et les débouchés se font rares. Quand les quotas disparaissent, le producteur peut produire plus, mais le risque qui en découle est la baisse du prix du lait : c'est une insécurité et une forte vulnérabilité aux marchés. Le prix de vente ne leur permet pas de couvrir leurs charges.

Pire, les éleveurs de BVS nous racontent qu'à cette époque ils se levaient le matin avec la terrible certitude de perdre 120 euros à la fin de leur longue journée de travail.

Martial Darbon, producteur de lait et président de la coopérative à cette époque, tente d'alerter les magasins alentour. Il part distribuer des tracts dans les supermarchés de la région. L'un des prospectus arrive entre les mains du directeur du magasin Carrefour Market de Vonnas. Ému par la démarche de l'agriculteur, ce dernier fait remonter l'information au siège de Carrefour jusqu'aux oreilles de Bertrand Swiderski, responsable RSE du groupe Carrefour. Martial Darbon rencontre ensuite Nicolas Chabanne, Laurent Pasquier, ainsi que le patron de la laiterie Emmanuel Vasseneix, en discussion avec Carrefour.

À l'origine de la démarche de « C'est qui le Patron ?! », une question simple posée par Nicolas Chabanne : « Combien manque-t-il aux producteurs de lait de BVS pour qu'ils vivent de leur métier ? ».

Étonnamment, personne ne s'était posé la question jusque-là.

Au lieu de partir du prix le plus bas, se poser la question d'un prix rémunérateur est nouveau. Ce qui est encore plus surprenant, c'est de réaliser alors que si chacun d'entre nous, consommateurs, accepte de payer 8 centimes de plus une brique de lait, des centaines de familles de producteurs peuvent être sauvées. Sur une année, cela représente en moyenne 5,45 euros supplémentaires pour les consommateurs.

Avec aux origines du projet l'implication de la laiterie de Saint-Denis-de-l'Hôtel qui collecte et conditionne le lait, et de Carrefour, premier distributeur à proposer cette brique dans ses 5500 magasins de France, notre brique bleue devient rapidement le plus gros succès agroalimentaire des trente dernières années.

Huit ans plus tard, cette étude témoigne des retombées positives de la démarche sur la vie des producteurs.

Pour mieux comprendre l'impact de notre action collective de consommateurs et les effets d'une juste rémunération sur la vie des producteurs, nous avons échangé avec une grande partie des éleveurs de la coopérative Bresse Val de Saône. Particulièrement avec les familles historiques avec lesquelles nous avons lancé « C'est qui le Patron ?! » en 2016, installées dans l'Ain, là où tout a commencé.

Nous avons récolté et analysé les ressentis et les perceptions de 59 d'entre eux, répartis dans 36 exploitations (il peut y avoir plus d'un producteur par exploitation) entre 2016 et aujourd'hui, grâce à un questionnaire en ligne.

Certains sujets ont été approfondis par des rencontres et des discussions, comme celui de la transmission d'une ferme à un jeune qui s'installe, ou encore celui de l'évolution des pratiques agricoles dans une exploitation.

Les éleveurs ont aussi accepté de nous transmettre leurs bilans financiers afin de compléter les premiers éléments que nous avions récoltés.

Dans la plupart des cas, les réponses apportées ont des causes multifactorielles, et nous avons fait au mieux pour souligner cette diversité. Chaque producteur, chaque exploitation, est symbole de la diversité et de la richesse de notre paysage agricole.

Étant donné la sensibilité de certains sujets (voire la confidentialité en ce qui concerne les données financières), les noms des producteurs ont été modifiés afin de respecter leur anonymat, sauf vœu contraire de leur part.

Les résultats présentés ici sont donc le fruit d'une étude interne portée par nous, les consommateurs à l'origine de l'initiative, et de moments passés auprès des producteurs. L'ensemble détaillé est disponible sur notre site Internet.

“ ”

*NOTE : Tout au long du document, **les commentaires** recueillis auprès **des producteurs** sont dans des **encadrés blancs***

NOUS CROYONS À LA FORCE DE LA JUSTE RÉMUNÉRATION...

On échange directement avec les producteurs 🧑‍🌾💬🙋

Les producteurs doivent être à la base de la détermination du juste prix

Les **producteurs partagent** avec nous **leur réalité et ressenti :** premiers concernés, premiers consultés !

On vérifie nous-mêmes 👀

Nous nous assurons que le **caractère juste de la rémunération est une réalité concrète** pour les producteurs et qu'elle leur convient en **les visitant directement**

On s'aide d'indicateurs 💡

Produire implique des coûts, et **il faut les connaître pour être les plus justes** et coller le plus possible à la réalité des producteurs

On valide par un vote consommateurs 🤝

Nous décidons de tout collectivement, **il faut un prix qui nous convienne tout en assurant notre soutien aux producteurs**

...ET DE LA **MOBILISATION COLLECTIVE**

On comprend

Nous disposons de toutes les informations pour connaître les enjeux de manière **éclairée, transparente et réaliste**

On décide

Par le vote et la consultation, nous décidons directement sur les sujets clés, et nos choix ont une conséquence directement applicable

On agit

Nous achetons nos produits et nous participons à toutes les étapes (ateliers, visites, visios...) et sommes en mesure de **vérifier** l'application concrète de nos choix

On s'organise

Nous sommes une coopérative de consommateurs :
1 part sociale = 1 € = 1 voix et nous sommes collectivement responsables

ux producteurs

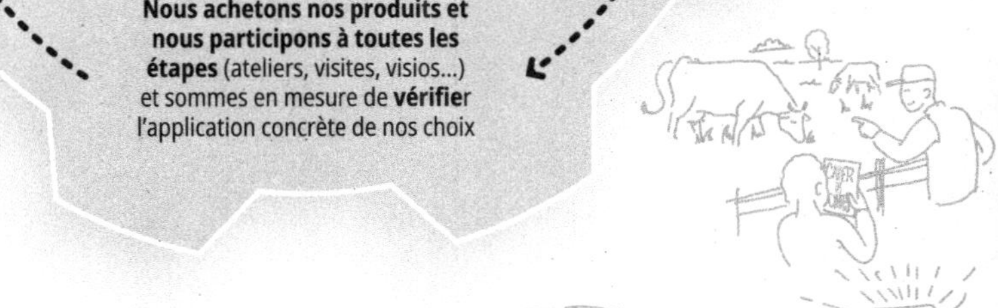

DE 2016... À 2024, QUELLES ÉVOLUTIONS POUR LES PRODUCTEURS ?

En 2016, plus de la moitié des producteurs ne croyaient pas vraiment à la démarche au moment de la rejoindre.

En 2024, ils sont plus de **96 % à avoir retrouvé confiance dans l'avenir** grâce à notre mobilisation collective en tant que consommateurs.

« Une juste rémunération permet de vivre dignement de son métier. »

Derrière cette évidence, il y a des conséquences concrètes, directement palpables pour les éleveurs qui exercent un métier singulier mais partagent les mêmes besoins que chacun d'entre nous : une confiance et une sérénité retrouvées, la possibilité d'envisager l'avenir, de transmettre leurs exploitations à leurs enfants. C'est aussi synonyme de temps, de choix, de liberté : en s'émancipant des uniques contraintes financières, les éleveurs laitiers témoignent de la possibilité de « sortir la tête de l'eau », et parfois de leurs exploitations, en partant par exemple en magasin à la rencontre de ceux qu'ils nourrissent tous les jours : nous, les consommateurs.

« Quand la tête ne va pas, rien ne va », *Rémi*

« Il faut leur expliquer, aux consommateurs, qu'ils comprennent que sans nous ils ne pourront pas se nourrir », *Michèle*

« Je suis fier de pouvoir dire aujourd'hui que, oui, les éleveurs laitiers arrivent à vivre de leur métier sans avoir à baisser la tête », *Éric*

RETROUVER CONFIANCE ET SÉRÉNITÉ GRÂCE À LA JUSTE RÉMUNÉRATION

En 2016, **82 %** des éleveurs **étaient très insatisfaits** de leur rémunération.

En 2024,

95 %

d'entre eux estiment pouvoir vivre correctement et sont plutôt **satisfaits voire très satisfaits de leur rémunération.**

La **note moyenne** donnée à cette **rémunération** est passée de 1,4/10 à **9/10** en huit ans

Du côté de la compta

Le chiffre d'affaires des éleveurs a été **multiplié par 2,1** entre 2016 et 2024.

L'excédent brut d'exploitation* a été **multiplié par 3,7.**

** L'EBE est un indicateur financier qui mesure la rentabilité d'une entreprise en comparant les revenus et les charges d'exploitation. Elle permet de déterminer si une entreprise est capable de couvrir ses coûts et de générer des profits.*

Les bilans montrent une **amélioration très importante pour la grande majorité** des exploitations de leur capacité de remboursement des dettes puisque **94 % des exploitations ont dorénavant une dette considérée comme soutenable** (passage de l'équivalent de **quatorze années en 2016 à 3,6 années d'EBE en 2023** pour rembourser toute la dette nette).

En 2016, **le niveau de stress ressenti** par les producteurs dans le cadre de leur métier **s'élevait à 8,4/10.**

En 2024, cette note est **descendue à 4/10.**

Au-delà de la satisfaction d'être rémunérés correctement pour leur travail, **les producteurs soulignent un autre gain** tout aussi précieux **: la sérénité.** Une juste rémunération permet en effet d'**envisager l'avenir avec plus de confiance.**

> **« Je me lève le matin sans avoir la boule au ventre »,** *Marc*
>
> **« J'ai l'impression de ne pas travailler pour rien »,** *Michel*
>
> **« On voit l'avenir différemment. Nous pouvons continuer d'investir car on sait à quel prix va être payé notre lait. Il y a une transparence qui nous rassure »,** *Isabelle et René*

Si la note de stress ne descend pas à zéro, il faut prendre en compte toutes les dimensions du métier d'éleveur laitier :

En particulier **les longues journées** qui vont de la traite des animaux deux fois par jour, **tous les jours, toute l'année**, à l'alimentation des vaches, en passant par les **travaux de réparation, d'entretien, mais aussi la gestion administrative de leurs exploitations, la comptabilité...**

Pas de jours fériés ni de dimanches pour la plupart des éleveurs, qui doivent par ailleurs **composer avec la variabilité des conditions climatiques,** la période de naissance des veaux (la saison des vêlages) ou encore la récolte des fourrages qui serviront à nourrir les animaux.

AVOIR DU TEMPS LIBRE, UN RÊVE IMPOSSIBLE POUR UN PRODUCTEUR ?

Avec les nouveaux revenus devenus justes et solidaires, les familles soutenues peuvent envisager financièrement de prendre des jours de repos.

Le choix de partir en congés est cependant toujours particulier dans une ferme, car énormément de facteurs entrent en ligne de compte, comme la possibilité de se faire remplacer lorsque le producteur est seul (une exploitation ne s'arrête jamais) ou encore le temps prévu.

La dévalorisation du métier d'éleveur a conduit certains jeunes à ne pas continuer dans la filière. Aujourd'hui, il est difficile de trouver des salariés et de se faire remplacer sur les exploitations. Même avec des moyens financiers, le problème persiste, que ce soit pour les vacances ou l'embauche pour mieux répartir le travail.

En 2016, ils étaient **très peu d'éleveurs à pouvoir prendre une semaine** de vacances

contre **73 %** aujourd'hui

(dont 22 % qui **peuvent prendre au moins deux semaines** contre 5 % il y a huit ans).

Les témoignages des éleveurs soulignent que la juste rémunération a permis d'en faire une possibilité pour les éleveurs qui ne pouvaient même pas l'envisager au début de l'initiative.

58 %

des exploitations ont **embauché** un salarié ou un apprenti **depuis 2016,**

et **près de la moitié** d'entre elles estiment **faire plus appel aujourd'hui à une ETA*** qu'il y a huit ans.

**Entreprise de travaux agricoles, une organisation professionnelle qui fournit des services agricoles spécialisés à des exploitations agricoles.*

Les aides ou embauches permettent en plus aux producteurs d'éviter « les journées interminables » en allégeant leur charge de travail, de libérer du temps pour en passer plus avec leur famille, et de gagner en confort de travail et de vie.

Les embauches ne sont pas uniquement imputées à la juste rémunération, elles peuvent aussi être liées aux départs d'associés ou plus globalement à la bonne santé financière des exploitations. Cependant, sans juste rémunération, il est difficile de dégager un revenu pour un autre salarié ou un remplaçant.

Ce temps retrouvé peut aussi être lié à l'achat de matériel, comme une nouvelle salle de traite et des outils plus performants : de la même façon, ces investissements sont rendus plus faciles par une juste rémunération.

41 %

des producteurs **estiment avoir « libéré du temps »,** ce qui leur permet **d'en passer plus avec leur famille,**

« Aller chercher mon fils à l'école », « Faire plaisir aux enfants », « Rentrer un peu plus tôt à la maison », autant de petites choses qui semblent tout à fait simples et naturelles mais qui n'étaient pas forcément possibles avant 2016.

Ce temps « libéré » permet aussi d'avoir des moments pour soi, pour « jardiner », « faire des travaux », faire un peu de tourisme autour de chez soi, ou tout simplement, « être à la maison ».

> ***« Aujourd'hui, je prends un peu le temps de vivre... »,*** *Monique*
>
> ***« Je n'ai raté aucun des matchs de basket de mes deux filles depuis 2022, grâce à la venue d'un salarié pour la traite du week-end »,*** *Alain*
>
> ***« Nous avons embauché car le prix du lait avait nettement augmenté grâce à CQLP »,*** *Laure et Régis*
>
> ***« Avant 2016, je ne voyais jamais mes enfants, ni le matin, ni le soir. Nous avons investi depuis dans une nouvelle salle de traite et nous avons réduit le temps de traite journalier par trois »,*** *Daniel*

CHOISIR SON AVENIR ET SES INVESTISSEMENTS

Investir dans son exploitation peut être lié à plusieurs facteurs, comme la vétusté d'un matériel qui doit être remplacé, ou la volonté d'améliorer le bien-être animal, améliorer le confort de travail, introduire des pratiques plus vertueuses pour l'environnement et pour la ferme..

88 % des exploitations **ont investi** dans du nouveau matériel entre 2016 et aujourd'hui

31 % ont également **investi pour améliorer le bien-être animal** en rénovant des bâtiments et en aménageant mieux les espaces

Sans juste rémunération, il est difficile d'envisager l'avenir et de se projeter sur des achats ou des renouvellements de manière sereine. Parfois il est même compliqué d'avoir le choix dans ces investissements.

Près de la moitié des éleveurs estiment pouvoir **mieux entretenir leur matériel** grâce à la juste rémunération

Il faut aussi tout simplement avoir un peu de temps pour réfléchir et consolider des projets d'avenir. Ce temps est précieux, et gagner du temps devient donc un véritable atout.

1/3 des éleveurs ont gagné du temps grâce à du matériel performant et plus moderne

Du côté de la compta

L'état de l'**outil agricole est resté constant** (ni vieillissant, ni complètement renouvelé), avec une augmentation du parc des immobilisations (outils, équipement) marquée par **35 % d'investissements supplémentaires entre 2016 et aujourd'hui.**

Les exploitations agricoles deviennent rentables alors qu'elles ne l'étaient pas avant 2016 :

la **moyenne des rentabilité** économique des exploitations agricoles **était négative (-0,75 %)**, alors qu'elle **devient positive (12,38 %)** après « C'est qui le Patron ?! » pour la **quasi-totalité des exploitations**

> ***« Pour les semences de maïs et d'herbe, le prix n'est plus le principal critère de choix. On va choisir des variétés plus adaptées à nos besoins »,*** *Jean-Paul*
>
> ***« La valorisation du lait a permis d'investir dans du matériel plus confortable »,*** *Marie*

La juste rémunération permet aussi d'envisager d'aller plus loin et d'accompagner les agriculteurs dans les défis qui s'imposent à eux, et par extension à nous tous, consommateurs : avoir des exploitations de taille raisonnable, des pratiques vertueuses, des transmissions sereines, des perspectives économiques, faire face au changement climatique... Autant d'éléments qui ne peuvent être envisagés sans un salaire décent.

UNE USINE DE PROTÉINES FRANÇAISE A PU VOIR LE JOUR !

Généralement, les éleveurs donnent aux vaches, en plus de leurs rations d'herbe, des **protéines végétales** afin d'équilibrer leurs apports alimentaires et leur apporter de l'énergie.

Celles-ci **proviennent le plus souvent de tourteaux** issus de la culture de soja, de colza ou encore de tournesol. Appelées « oléoprotéagineuses », elles sont tout simplement **le sous-produit solide, qui reste après l'extraction de l'huile**

Ces dernières sont pressées permettant d'extraire de l'huile et de produire des **"tourteaux protéiques", qui apportent de l'énergie aux vaches** via leur alimentation.

En France cependant, pour des raisons économiques, le **soja était assez peu cultivé sur notre territoire** parce qu'il était plus adapté aux climats subtropicaux.

Il est donc importé à près de 90 % ce qui accroît notre dépendance aux marchés étrangers en matière de prix et de disponibilité. De plus, ce soja n'est pas toujours soumis aux mêmes réglementations phytosanitaires que chez nous, et il est pointé du doigt pour sa contribution à la déforestation et son empreinte carbone importante à cause du transport.

Cependant les recherches techniques des dernières années et le changement climatique favorisent le développement de cette culture en France.

C'est avec ces éléments en tête qu'est née NUTRALP, une usine permettant de « triturer » le soja, le colza et le tournesol, et donc de produire de l'huile et des tourteaux, tout cela avec les productions des agriculteurs locaux !

NUTRALP, portée par trois coopératives dont deux structures au service des producteurs de Bresse Val de Saône (BVS, le regroupement de producteurs historiques de « C'est qui le Patron ?! », dont les témoignages ont permis de nourrir cette étude), a été officiellement inaugurée dans l'Ain en juin de cette année. Certains de ses producteurs sont par ailleurs engagés dans la structure.

Elle va ainsi **permettre aux producteurs de BVS d'être autonomes sur leurs exploitations** afin de nourrir leurs animaux, de **valoriser leurs propres récoltes** de soja, de colza et de tournesol, mais aussi de participer à un projet territorial dynamique, qui réunit **plus de 3 000 membres et 360 salariés.**

TRANSMETTRE, LA RECONNAISSANCE ET LA FIERTÉ À LA CLÉ

92 % des producteurs **estiment être plus fiers d'être agriculteurs** aujourd'hui qu'en 2016.

Près de la moitié d'entre eux trouvent que **la juste rémunération a eu un impact** sur leur capacité et **leur envie de transmettre leur métier** et leur exploitation.

Grâce à la juste rémunération, les producteurs n'ont « plus honte » de parler de leur métier, et d'imaginer que ce dernier puisse en être un aussi pour leurs enfants.

Cette fierté et cette reconnaissance nourrissent leur envie de susciter des vocations, de transmettre, et donc de former de nouvelles générations de producteurs.

Au cours de ces huit années, aucune exploitation n'a mis la clé sous la porte. Les fermes de la coopérative ont soit perduré, soit été transmises, ce qui en matière d'élevage fait figure d'exception dans la conjoncture actuelle !

> **« J'ai toujours été fier de mon métier, mais l'évolution de la rémunération permet surtout de se sentir mieux considéré »,** *Adel*
>
> **« Regarder son petit et pouvoir lui dire : "Oui, quand tu seras grand, tu pourras être agriculteur" »,** *Thierry*
>
> **« Avant 2016, j'aurais baissé les bras, mais depuis j'ai installé mon fils, il est motivé, surtout sur le lait, et j'en suis fier »,** *Éric*
>
> **« L'évolution de la rémunération me donne simplement l'espoir que les jeunes puissent poursuivre dans de bonnes conditions ce métier que j'aime tant »,** *Corinne*

Quand ils parlent de fierté et de reconnaissance, les producteurs sont aussi plusieurs à souligner un autre élément essentiel, en plus de la juste rémunération : nous, les consommateurs. Au travers de nos actes d'achats solidaires, nous affichons notre volonté de les soutenir. Est importante aussi, pour ceux d'entre nous qui le peuvent, notre motivation à aller rencontrer les producteurs directement dans leurs exploitations. Dans le cadre, par exemple, des visites de vérification des cahiers des charges de nos produits qui sont ouvertes à tous les sociétaires de la coopérative, nous créons du lien avec ceux qui nous nourrissent quotidiennement.

> **« Je suis fier de nourrir les gens, d'arriver à gagner ma vie, et de voir que les consommateurs nous suivent »,** *Nicolas*
>
> **« Ce qui me rend fière, c'est la reconnaissance des gens pour notre démarche »,** *Pauline*
>
> **« Je sens que notre métier a encore de l'avenir. Surtout, quand on côtoie les consommateurs qui nous soutiennent »,** *Rosalie*
>
> **« Le regard des gens à notre égard a changé »,** *Fabien*
>
> **« Nous n'avons pas forcément changé nos façons de faire, on a juste moins peur de les expliquer et on se sent plus soutenus »,** *Marie et Sébastien*

PRODUCTEURS ET CONSOMMATEURS, MAIN DANS LA MAIN

Après huit années, nous mesurons les conséquences positives rendues possibles par le soutien que nous avons apporté tous ensemble aux producteurs.

Elles se révèlent à plusieurs niveaux (confiance, pratique agricole, finances, prévisions pour l'avenir…) et ont initié un véritable cercle vertueux pour cette coopérative. Elles sont autant d'indicateurs que les éleveurs ont pu reprendre la main dans la conduite de leur exploitation et pour le devenir de cette dernière.

Au-delà de leurs espérances, ce soutien leur a même permis d'agir collectivement pour leur autonomisation et leur avenir (le beau projet NUTRALP).

Tout cela n'est possible que si l'on met en place les conditions pour les rémunérer au juste prix et leur garantir ce soutien sur un temps long, de manière stable.

Le sujet de la rémunération est central dans la perspective de conserver nos fermes et agriculteurs en France, notre initiative de consommateurs prouve cela et surtout qu'il s'agit d'une réalité potentielle, applicable et vérifiable.

Notre action collective ne se limite pas à améliorer les conditions économiques des agriculteurs. Elle permet aussi de retisser ce lien perdu, et pourtant vital, entre ceux qui nous nourrissent, et nous consommateurs : premiers et ultimes bénéficiaires de leur travail essentiel.

Il est urgent de généraliser ce soutien aux producteurs. Sans cela, nous ne pourrons plus aspirer à nous nourrir de manière autonome.

Ce métier d'agriculteur, qui est fondamental pour nous, se heurte à des difficultés persistantes, voire insurmontables. Encore trop peu d'agriculteurs peuvent exercer leur métier dignement en France, et même ceux que nous soutenons actuellement réparent encore après huit années de juste rémunération les dégâts durables générés par leurs difficultés passées, qu'elles soient financières, familiales ou psychologiques.

À cela il faut ajouter le stress induit par l'exigence et la dureté de cette profession.

Ces difficultés sont appelées à s'amplifier à l'avenir, dans un contexte économique et géopolitique lourd (concurrence internationale, inflation, pression des marchés sur les prix), et des circonstances environnementales complexes (appauvrissement des sols, accès à l'eau, temps instable).

Il est illusoire de vouloir faire peser sur les seules épaules des agriculteurs la responsabilité de répondre à ces défis dans les décennies à venir.

En tant que consommateurs, nous avons prouvé qu'il est possible de transformer la vie et le destin des agriculteurs. Une fois soulagés du fardeau de la subsistance de leur exploitation, ils se mobilisent et réfléchissent à l'amélioration de leurs pratiques, la résilience de leur ferme.

Dans ce contexte, nous, les consommateurs, avons un rôle central à jouer.

Nous avons le pouvoir de les accompagner dans ces nécessaires évolutions en faisant des choix forts dans la création des produits et nos actes d'achat, en mettant en lumière des solutions durables pour que d'autres nous suivent.

Comme nous pouvons le constater, ça marche ! Des fabricants et des magasins nous ont suivis.

Nous avons prouvé collectivement que nous n'avions pas comme unique boussole le premier prix, au détriment de tout le reste.

Notre succès collectif démontre qu'un autre chemin est possible.

Nous devons désormais montrer la voie et exiger d'être en mesure d'exercer ce pouvoir que nous avons collectivement, et sortir de l'assignation au rôle d'acheteurs finals passifs, complices bien malgré nous d'un système que nous désapprouvons :

- **Comprendre les enjeux qui pèsent sur notre alimentation** et avoir accès à une information claire ;
- **Décider vraiment des produits dont nous avons besoin,** que nous souhaitons, et des conditions dans lesquelles ils sont élaborés ;
- **Nous assurer que nos choix sont appliqués** et ont un impact durable sur la vie des producteurs ;
- **Donner une place et valoriser ce formidable métier d'agriculteur dont nous dépendons tous** (valorisation du métier, échanges avec les consommateurs, favorisation de certaines pratiques ou activités, etc.).

Ce sont les clés d'une reprise en main collective du sujet du maintien d'une agriculture avec des agriculteurs en France.

Notre force collective est irrépressible, et elle est la seule en mesure de sortir les agriculteurs de la fameuse injonction contradictoire qu'on leur oppose depuis des dizaines d'années : « Produire toujours plus, pour toujours moins cher tout en préservant l'environnement ».

Ne nous y trompons pas, l'alimentation est un enjeu collectif qui ne concerne pas uniquement ceux qui la produisent.

Si l'on doit retenir une chose de ces témoignages et de ce bilan, c'est que lorsque nous décidons collectivement de changer les choses, le monde autour de nous change !

Personne n'aurait pu imaginer que de simples consommateurs et citoyens puissent être à l'origine d'évolutions aussi importantes et déterminantes pour la suite. Nous avons désormais les cartes en main, et la possibilité d'agir concrètement de la même manière sur bien des domaines, pour dessiner et nous préparer un avenir à la hauteur de ce que nous voulons tous vraiment.

Pour reprendre en main notre destin, le bon sens collectif et la bienveillance seront nos meilleures boussoles.

Merci à

Alexandre , Alexandre, Anne-Cécile, Aurélie, Bert, Christophe, Cyril, Damien, Daniel, Denis, Didier, Didier, Didier, Didier, Didier, Dominique, Élisabeth, Éric, Éric, Éric, Étienne, Franck, Franck, François, Frédéric, Gilles, Hubert, Jean-Noël, Julien, Kevin, Laurence, Lionel, Lionel, Marie-Claude, Martial, Mathieu, Michel, Mickaël, Nicolas, Nicolas, Philippe, Philippe, Régis, Régis, Séverine, Rémi, Rémi, Sébastien, Stéphane, Stéphane, Sylvie, Sylvie, Thierry, Thomas, Valentin, Wilfried, Xavier, Yohann, et Yves d'avoir pris le temps de répondre à nos questions, et toute l'équipe qui s'est mise à leur écoute. Merci aussi à Alexandre, Bertrand, Emmanuel, Jérôme, Karine, Laurent, Lucie, Marc, Martine, Michel, Nathalie, Nico et Thomas.

Ainsi qu'à tous les consommateurs solidaires qui rendent chaque jour tout cela possible !

On aurait pu citer beaucoup d'autres noms de partenaires, de fabricants, de magasins, de soutiens de cœur qui apportent beaucoup pour que tout cela existe, mais ces milliers de supporters forment une liste trop longue pour être présentée ici :)

Soyez tous remerciés pour ce que vous faites et pour la part que vous prenez à ce succès solidaire nécessaire et durable.

EN BONUS POUR FÊTER NOS 8 ANS :

Le documentaire
« Nous, consommateurs »
à visionner gratuitement
ainsi que des témoignages
supplémentaires en
scannant ce QR Code :

Dépôt légal : 10-24
ISBN 13 : 978-2-7499-6069-2
LAF : 3572

www.michel-lafon.com

IMPRIM'VERT®

PEFC/10-31-1510

Achevé d'imprimer en octobre 2024 par Corlet Imprimeur — 14110 Condé-en-Normandie
Dépôt légal : octobre 2024 — N° d'imprimeur : 24090851 — *Imprimé en France*